DÉCLARATION
DE PRINCIPES,

PAR

PH. DE MONTENON.

AVRIL 1848

POITIERS
CHEZ PICHOT, LIBRAIRE

1848

DÉCLARATION

DE PRINCIPES.

I.

En ces temps solennels, chacun éprouve le besoin de descendre en lui-même et de se formuler un symbole. Voici le nôtre.

Tout système social n'est qu'une illusion, une dangereuse chimère, s'il prend pour base les conceptions plus ou moins nouvelles, plus ou moins hardies, d'un génie quelconque, et non les éternelles tendances de l'humanité tout entière. Or, comme l'humanité participe de deux natures, deux impérieux désirs la travaillent sans cesse : l'un nous entraîne vers la vérité, lumière des âmes, l'autre vers l'adoucissement des souffrances physiques.

Donc, éclairer toute intelligence, ne laisser sans la combattre apparaître aucune misère;—chercher, avec une infatigable opiniâtreté, un remède a chaque infortune; — attendre uniquement le triomphe, dans une lutte aussi difficile, de l'union, des sacrifices, de l'amour de tous;—s'adresser sans cesse, comme sans violence, à cet esprit de concorde, de désintéressement, d'admirable fraternité; — telle est la mission de tout gouvernement parmi les hommes; telle est, plus spécialement encore, celle des républiques modernes.

Toute société qui n'est pas instituée en vue du bonheur de tous ses membres pèche par sa base; toute société qui, au moment de se constituer, ne se demande pas quel est le fond de la nature de l'homme et d'où il vient, ne lui imprimera jamais qu'une direction funeste. — Nous dirons avec simplicité, mais avec foi, ce que nous pensons sur ces importantes questions.

II.

Imparfaits, nous avons tous l'idée de la perfection ; finis, nous nous élevons par la pensée vers l'infini ; faibles, nous sentons qu'il existe en dehors de nous une force incommensurable. Aussi la voix des siècles, d'accord avec nos sentiments les plus intimes, nous crie-t-elle, sans jamais se lasser, que nous devons la vie à un être incréé, dont la puissance est sans limite, l'existence sans terme, le droit à nos adorations imprescriptible ; et cet être elle le nomme Dieu !

Toute société qui méconnaît Dieu méconnaît l'origine de l'homme, et ne saurait le conduire au bonheur.—Toute société qui se sépare de Dieu peut être comparée à l'équipage lancé sans boussole sur des mers inconnues, ou follement décidé à ne point consulter celle qu'il possède.

Mais Dieu, qui nous parle sans cesse dans l'intérieur de nos consciences, qui prend soin de nous éclairer, suivant les uns, par les seules lumières de la raison, suivant les autres (et nous sommes de ce nombre), en y joignant celles encore plus puissantes d'une révélation sublime; Dieu, disons-nous, n'accepte que des hommages librement offerts, qu'une soumission librement consentie.

Donc la liberté est le fond de la nature de l'homme; donc toute société, qui ne sait pas protéger la liberté dans chacun de ses membres, fait preuve d'aveuglement ou de folie; — donc toute société qui l'attaque s'attaque à l'œuvre divine, et doit, tôt ou tard, après des luttes insensées, aboutir droit à la mort.

La liberté! voilà la base des associations durables; voilà la pierre angulaire de l'édifice national. Partout où la liberté existe, l'homme se plaît et s'attache; partout, au contraire, où la liberté souffre violence, les individus s'agitent, les ressentiments s'amoncellent; une crise, plus ou moins terrible, couve et s'apprête.

Qu'est-ce donc que la liberté?

Nous n'hésiterons pas à répondre : c'est la faculté que chacun de nous apporte, en venant en ce monde, de faire ce qui lui plaît, à la condition de ne gêner l'exercice d'aucun droit légitime, de ne jamais blesser personne : en un mot, la liberté cesse là où commence l'injustice.

D'où il faut conclure que le plus grand besoin des sociétés, c'est la probité dans ceux qui les composent : car la probité, d'une part, n'est autre chose que l'équité mise en pratique, de l'autre, la liberté sans probité devient impossible, et sans la liberté, nous l'avons proclamé, le corps social n'a pas de vie.

Qui implantera, qui développera dans chaque individu ce sentiment de la probité, pivot de toutes les vertus civiques ? — *La famille, la famille seule.* — Nous ne voulons d'autre démonstration de cette importante vérité qu'une courte anecdote, parce que nul raisonnement n'aurait, à notre sens, une aussi grande profondeur, ni une telle force.

Un homme, éminent par l'esprit, entendait, dit-on, déplorer un manque de délicatesse qui entravait sa vie; il prit sa tête dans ses deux mains, et s'écria d'une voix brisée : « Hélas ! ce

» fait ne me pèserait pas sur le cœur si j'avais
» connu ma mère ! » Oui, c'est aux mères, aidées
de leur merveilleuse tendresse ; c'est aux pères,
armés de leur intelligent amour, qu'il est réservé
de trouver les chemins du cœur. Eux seuls ont
cette patience, cette illumination divine, cet in-
altérable dévoûment, si nécessaires pour étudier
les penchants des hommes, pour réprimer sans
rudesse, pardonner sans faiblesse, espérer contre
toute espérance, blâmer en aimant toujours.—
Le foyer paternel, voilà le sanctuaire humain,
voilà notre véritable asile dans les agitations de
la vie, voilà souvent notre meilleur conseiller.

Donc il faut de plus en plus exalter le culte de
la famille, respecter sa forte organisation, sur-
tout favoriser son indépendance, en défendant
contre toute atteinte le droit sacré de la propriété : car la propriété, c'est l'aisance pour les
familles qui possèdent, et pour celles qui ne
possèdent point encore ; c'est le but de tout tra-
vail, comme de toute sage économie.

Mais la liberté ne vit pas seulement par les sentiments du cœur ; il lui faut aussi, pour se décider et choisir, les lumières de l'intelligence. Répandre ces lumières, voilà la mission de l'enseignement. — D'où viendra-t-il ? quel sera-t-il ?

Il viendra de tout homme notoirement moral ; il s'efforcera de parcourir le cercle des connaissances humaines, en l'agrandissant encore ; et depuis l'hygiène du modeste habitant des campagnes, depuis les principes les plus élémentaires de l'agriculture jusqu'aux sciences abstraites, il devra tout embrasser, il ne devra rien négliger. Il importe, sans aucun doute, que l'État lui-même le distribue partout et sous toutes les formes ; mais l'État ne saurait s'effrayer d'aucune concurrence. Le temps est venu d'ouvrir sans entraves le champ clos à chaque doctrine, d'offrir aux sifflets, comme aux applaudissements du monde, les mille théories qui depuis tant d'années se disputent l'honneur de l'éclairer : celles qui périront dans une pareille lutte ne se relèveront jamais, et leur fâcheux prestige, né souvent d'une oppression maladroite, s'évanouira comme un mauvais songe.

Mais nul ne doit douter du triomphe de la vérité, et nous signalons, comme un impérieux besoin du présent et de l'avenir, *la liberté et la diversité de l'enseignement.*

Est-il besoin de parler encore de la liberté des cultes? — N'en avons-nous pas dit assez sur ce sujet en commençant? « Dieu, écrivions-nous, » n'accepte que des hommages librement offerts, » qu'une soumission librement consentie. » De quel droit imposer, à l'aide d'une force humaine, ce que la Providence ne veut obtenir que de la persuasion, que de la spontanéité de nos *cœurs?* Que chaque croyant entre en lice; qu'il prêche en tous lieux, en tout temps son Évangile, qu'il l'appuie de la pratique des vertus, le monde jugera ensuite. Pour nous, attachés du fond du cœur à la croix du Calvaire, nous ne redoutons pour elle aucun vent de doctrine; nous ne craindrons jamais de voir les peuples perdre leur antique respect pour le véritable étendard de la régénération et de la fraternité. Chrétiens, nous ne voyons dans ceux qui ne vivent pas de notre foi que des frères, nous avons soif de leur communiquer la lumière qui nous éclaire; mais le divin flambeau , remis dans nos mains par notre maître , n'est point celui des incendies et des haines, c'est celui de la divine charité. Des hommes , nous le savons, tantôt par erreur, tantôt par calcul, ont prétendu se servir du catholicisme comme d'un instrument de domination et de force; Dieu ne les a jamais protégés. Faits pour triompher de toute oppression , les enfants du Christ ne doivent jamais employer une telle arme, et leur *religion*, suivant la belle expression de M. de Chateaubriand , *doit ses victoires à ses miséricordes , et n'a besoin d'échafaud que pour le triomphe de ses martyrs* (1).

Liberté et lumière, voilà donc ce qu'il nous faut répandre avec largesse pour combler les désirs du monde moral. Voyons ce qui nous reste à faire pour le monde matériel.

La tâche est immense, car il s'agit de combattre la souffrance partout où elle se trouve, d'attaquer sous toutes ses formes le monstre hideux que l'on

(1) M. de Chateaubriand , *Opinion sur la loi du sacrilége.*

nomme la misère. Est-ce l'œuvre d'un jour? est-ce l'œuvre d'une année? — Non sans doute, et nous devons dire, pour être vrai, que c'est l'œuvre de tous les temps, c'est l'œuvre de tous les siècles. Mais, malgré la difficulté du problème, il n'est pas permis aux hommes de cœur d'en retarder l'étude; et de même que nous trouverions dangereux de promettre aux peuples une solution complète et subite, de même nous trouverions coupable de ne pas tenter des améliorations, et nous ne saurions croire que l'on ne puisse promptement en opérer de très-heureuses. Un grand moyen domine tous les autres, et dans un écrit qui ne nous permet point le développement de longues théories, nous nous contenterons de l'indiquer.

L'occupation la plus utile, l'état si honorable de cultivateur, semble depuis longtemps perdre, en France, tout son attrait. On quitte les campagnes, on s'entasse dans les villes, on s'attache à des professions d'une importance artificielle ; tandis que les ateliers s'encombrent, le hameau se dépeuple ; tandis que la population s'augmente, les bras qui fécondent la terre diminuent. Tournez l'activité de la nation vers l'agriculture, favorisez l'étude de cet art admirable ; ayez des honneurs pour ceux qui le pratiquent, des secours intelligents pour ceux qui vous nourrissent ; utilisez les revenus de l'État au profit des hommes qui lui versent de si fortes sommes ; travaillez sans relâche à rendre l'aisance possible au cultivateur, vous aurez de la sorte facilité singulièrement votre tâche en ce qui concerne l'ouvrier des villes. — Le sort de ce dernier exige aussi la plus entière sollicitude, et quand nous avons posé comme principe la nécessité de combattre toute souffrance physique, nous étions loin d'oublier les siennes. Mais nous ne sommes pas de ceux qui osent promettre qu'en un jour tout va changer ; que tout effort, comme toute étude, seront en un instant couronnés d'un complet succès.

Ouvriers, vous souffrez, et le mot de patience vous est rude ; mais nous ne savons dire que la vérité, et nous n'avons jamais vu les édifices solides s'achever dans une seule journée. Voyez les plus habiles médecins au chevet d'un malade qu'ils chérissent ; leur désir et leur science ne peuvent devancer le temps. Les médecins de la société ne sauraient mieux faire ; choisissez-les bien, mais ne leur demandez rien au delà du possible, et rappelez-vous que tout ce qui s'improvise a rarement de la durée.

III.

Développement complet de la liberté, — large distribution des lumières, — lutte incessante de la société contre la misère, voilà nos trois grands principes.

A quelle forme de gouvernement confieronsnous leur application et leur développement ?

Nous l'avons déjà écrit, nous le répéterons aussi souvent que nous serons mis en demeure de le faire : il n'y a plus de possible en France que la République ; à elle seule il appartient de réaliser l'alliance indispensable de l'ordre et de la liberté. En effet, d'où naît le désordre ? D'une résistance au pouvoir, d'une violation de la loi. Or comment concevoir une résistance qui ne soit pas impie, une lutte qui ne soit pas antinationale, dans un gouvernement où chaque citoyen participe à la puissance, participe à la confection de la loi, en nommant ou réprouvant, à des intervalles rapprochés et périodiques, ceux qui la rédigent.

Nous sommes las des révolutions parce qu'elles mettent trop souvent en question le sort des peuples; nous sommes las des révolutions parce que toutes coûtent du sang. Celles-ci dressent des échafauds et deviennent exécrables; celles-là restent glorieuses, mais s'achètent par la mort des citoyens sur les barricades : toutes laissent des douleurs après elles. Il est temps que l'humanité cesse de déchirer elle-même ses entrailles.

Nous demandons à la République de clore à tout jamais nos luttes intestines : nous avons foi dans son principe; nous croyons que, fidèle au symbole de la fraternité, elle peut confondre tous les intérêts du passé dans un seul, l'intérêt national; et fort de cette conviction, fort de cette espérance, nous vouons au gouvernement républicain toutes nos sympathies, toute notre jeunesse, tout notre avenir.

Avril 1848.

PH. DE MONTENON.

Poitiers. — Imp. de A. DUPRÉ.